(ENSEIGNEMENT SUPÉRIEUR DE LA PHOTOGRAPHIE.

CONFÉRENCES DU CONSERVATOIRE NATIONAL DES ARTS ET MÉTIERS.)

LA CHRONOPHOTOGRAPHIE,

PAR

J. MAREY,

Membre de l'Institut.

PARIS,
GAUTHIER-VILLARS, IMPRIMEUR-LIBRAIRE,
ÉDITEUR DE LA BIBLIOTHÈQUE PHOTOGRAPHIQUE,
Quai des Grands-Augustins, 55.
—
1899

LA
CHRONOPHOTOGRAPHIE.

27269 — PARIS, IMPRIMERIE GAUTHIER-VILLARS,
55, Quai des Grands-Augustins.

ENSEIGNEMENT SUPÉRIEUR DE LA PHOTOGRAPHIE.
(CONFÉRENCES DU CONSERVATOIRE NATIONAL DES ARTS ET MÉTIERS.)

LA
CHRONOPHOTOGRAPHIE,

PAR

J. MAREY,

Membre de l'Institut.

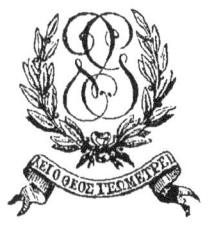

PARIS,
GAUTHIER-VILLARS, IMPRIMEUR-LIBRAIRE,
ÉDITEUR DE LA BIBLIOTHÈQUE PHOTOGRAPHIQUE,
Quai des Grands-Augustins, 55.

1899
(Tous droits réservés.)

LA CHRONOPHOTOGRAPHIE.

CONFÉRENCE
FAITE AU CONSERVATOIRE NATIONAL DES ARTS ET MÉTIERS,
LE DIMANCHE 29 JANVIER 1899,

Par M. MAREY,
Membre de l'Institut (¹).

Messieurs,

La Chronophotographie, c'est l'application de la Photographie instantanée à l'étude du mouvement; elle permet à l'œil humain d'en voir les phases qu'il ne pouvait percevoir directement; et elle conduit encore à opérer la reconstitution du mouvement qu'elle a d'abord décomposé. Je me propose d'exposer l'origine et les développements de cette méthode.

1.

Dès 1873, mon confrère à l'Académie des Sciences, M. Cornu, avait suggéré la première idée d'une méthode de ce genre; il avait montré à l'Académie quatre images successives du Soleil prises sur une même plaque photographique. A peu près en même temps, pour reproduire par la Photographie le passage de la planète Vénus sur le disque du Soleil, M. Janssen avait imaginé le dispositif que voici :

Au foyer d'une lunette braquée sur le Soleil était un appareil photographique; au fond de la chambre noire, une plaque sensible de forme circulaire tournait par saccades autour de son centre, de manière à présenter toutes les 70 secondes un

---

(¹) Cette conférence a été recueillie par M. Adrien Legrand.

point différent de son pourtour à l'objectif. On obtenait avec ce *revolver astronomique* une série d'images disposées en couronne et représentant les positions successives de la planète sur le Soleil. On la voyait pénétrant dans le disque, puis le traversant, puis en ressortant, et l'on pouvait mesurer la vitesse du phénomène.

En décrivant cette expérience, M. Janssen prédisait qu'un jour on pourrait photographier les variations d'un acte très rapide en une série nombreuse d'images très rapprochées, et qu'embrassant ainsi un cycle entier de mouvements relatifs à une même fonction, on aurait le moyen de résoudre des questions intéressantes de Mécanique physiologique.

Mais ce n'était encore qu'une sorte de pressentiment et une vue hardie de l'esprit, car les plaques à impression instantanée n'étaient pas connues alors : on n'en était qu'au collodion humide. C'est seulement en 1878 que Muybridge, photographe de San-Francisco, commença à prendre à intervalles très courts des instantanés très nombreux d'animaux en mouvement.

Je fus pour quelque chose dans l'idée qui présida à ces expériences. Depuis plusieurs années, j'étudiais par des procédés mécaniques les allures du cheval au trot et au galop, en inscrivant automatiquement le temps que dure l'appui pris sur le sol par chacun des pieds de l'animal. J'avais, pour cela, logé dans l'ajusture du fer une ampoule de caoutchouc reliée à un long tube aboutissant à un style mû par l'air comprimé. Pendant la pression produite par le contact du pied avec le sol, le style traçait un trait sur une bande de papier fixée sur un cylindre tournant que tenait en main le cavalier. La longueur et la simultanéité ou la succession de ces lignes donnaient le temps et les rapports réciproques des *appuis* et des *levés* de chaque membre. Je démontrais ainsi que le cheval au galop s'appuie sur *un* pied, puis sur trois, puis sur deux, puis sur *un*. La série inscrite par chaque style ressemblait un peu aux lignes inégales et successives tracées par le télégraphe Morse.

Le colonel Duhousset, qui joint à une grande expérience hippique un véritable talent de dessinateur, voulut bien m'établir des figures représentant les attitudes du cheval déduites

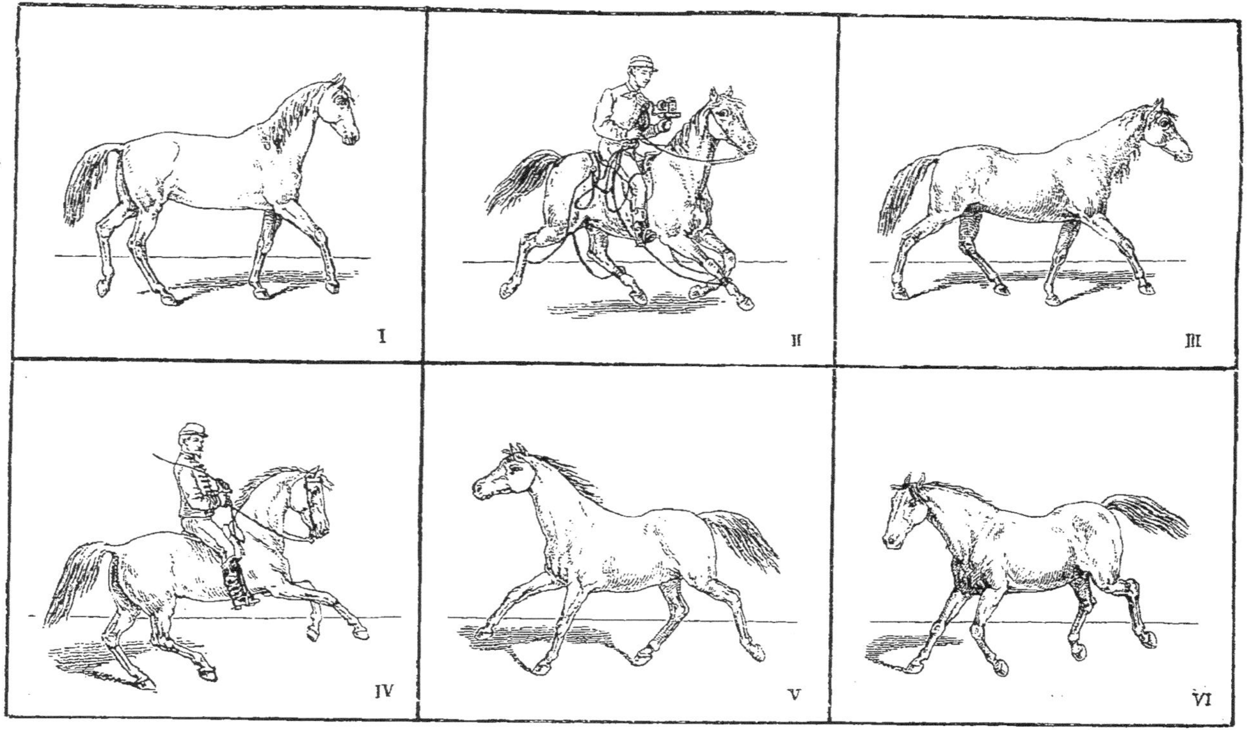

Fig. 1. — Allure du cheval dessinée d'après la Chronographie.

de cette *chronographie*. Ces images parvinrent sous les yeux d'un riche Américain, M. Stanford, ancien gouverneur de la Californie, qui eut peine à croire à certains résultats, par exemple au fait de la station momentanée du quadrupède sur un seul pied d'avant.

Pour vérifier mon observation il demanda à Muybridge d'instituer photographiquement une contre-expérience.

Devant la piste où devait galoper un cheval, Muybridge disposa vingt-quatre objectifs, dont les obturateurs étaient maintenus fermés par autant d'électro-aimants. En travers de la piste, il tendit vingt-quatre fils électriques commandant chacun de ces électro-aimants.

L'animal, dans sa course, rompait successivement les fils, démasquait les plaques et provoquait lui-même la formation de vingt-quatre images représentant une série de ses attitudes.

Ces expériences, admirablement organisées, eurent des résultats parfaitement satisfaisants. En ce qui me concerne, la comparaison des clichés de Muybridge avec les dessins du colonel Duhousset donna, pour les mêmes moments de la course, des attitudes sensiblement identiques; la succession des irrécusables photographies instantanées confirmait ma chronographie. Muybridge continua ses expériences et, profitant des progrès réalisés dans la sensibilité des plaques, établit par le même système la représentation de toutes les attitudes du cheval et de celles d'autres animaux, chiens, porcs, bœufs, cerfs, etc. M. O. Anschütz, de Lissa, à l'aide d'appareils dont le détail n'a pas été nettement dévoilé et qui, paraît-il, étaient logés dans une sorte de voiture, a obtenu aussi d'excellentes photographies sériées, représentant des mouvements humains ou animaux.

Stanford utilisa pour de très belles publications les données fournies par Muybridge, mais ne sut pas éviter, dans l'ordre successif des clichés, des erreurs qui intervertissent les phases du mouvement et apportent dans les yeux et l'esprit de celui qui consulte ces belles planches une déplorable confusion.

Un appareil que construisit un peu plus tard M. Londe échappe à ces inconvénients. M. Londe établit devant une

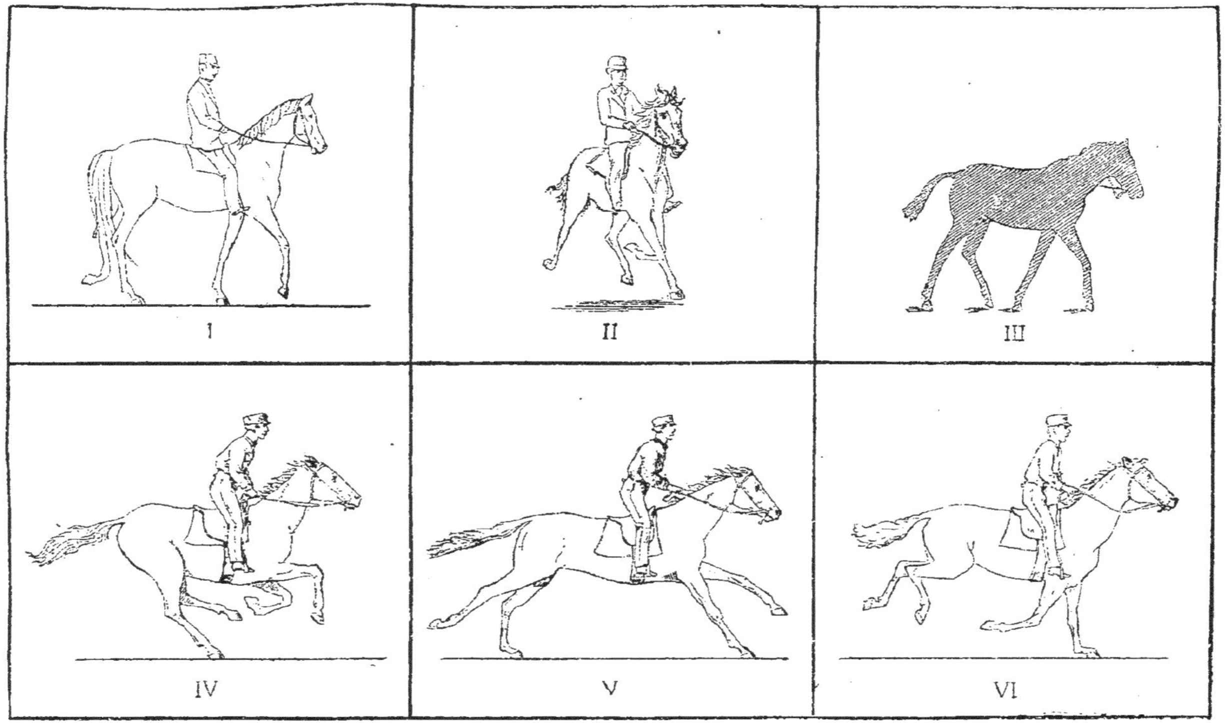

Fig. 2. — Attitudes du cheval d'après les chronophotographies de Muybridge.

même plaque sensible douze objectifs qu'un déclenchement successif démasque l'un après l'autre, et obtient des clichés nécessairement classés dans un ordre méthodique.

Mais les images de l'objet, étant prises de points différents,

Fig. 3.

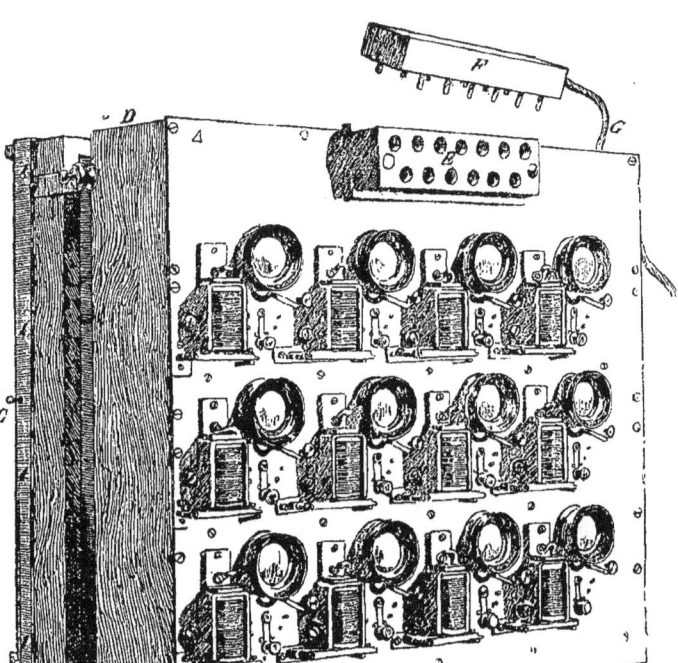

Appareil de M. A. Londe à objectifs multiples.

présentent des différences de perspective. Il y a environ 0^m,30 entre les objectifs situés aux deux extrémités de la plaque; cela suffit pour établir d'une image à l'autre, lorsqu'il s'agit d'objets rapprochés, des dissemblances qui ne tiennent pas au mouvement et qui sont très fâcheuses. D'autre part, l'identité parfaite des objectifs est difficile à obtenir.

Enfin, tous ces moyens, fort ingénieux en eux-mêmes, comportent de grosses dépenses qui, pour l'ordinaire, sont interdites aux physiologistes. Pour continuer plus commodément et plus économiquement les expériences que j'avais demandé à Muybridge de faire sur le vol des oiseaux, je dus me créer une méthode nouvelle; et c'est ici, à proprement parler, qu'intervient ma part personnelle dans l'invention de la Chronophotographie.

II.

Je cherchai à obtenir sur une seule plaque *avec un seul objectif* l'image d'un être ou d'un objet mobile. J'eus l'idée pour cela de faire que le mobile se détachât sur un fond parfaitement obscur. En face d'un champ complètement noir, la plaque sensible ne reçoit aucune impression. L'objet brillant et éclairé qui passera devant ce fond laissera donc seul son image.

Mais un fond bien obscur n'est pas, à beaucoup près, suffisamment réalisé par une *surface* sombre. Il faut une profondeur d'où nulle lumière n'émane, par exemple une caisse, ouverte d'un côté et entièrement noircie sur toutes ses autres parois. C'est là le *noir absolu* d'après Chevreul.

L'objet clair qu'on ferait passer entre un fond de ce genre et l'objectif laisserait sur la plaque une traînée lumineuse, une image sans fin, multiple et unique à la fois. Or, il s'agissait d'obtenir des *images séparées*..... Il suffisait pour cela qu'un obturateur en marche continuelle produisît à des intervalles de temps réguliers des éclairements très courts.

C'est ce que je réalisai dans un des premiers appareils que je fis construire (*fig.* 4), au moyen d'un disque fenêtré qui éclairait par intermittences, au moment où, dans sa rotation inverse, ses fenêtres démasquaient la plaque sensible. On a ainsi autant d'images successives que d'admissions de la lumière. Par exemple, le parcours d'une boule blanche lancée entre l'objectif et le fond est représenté par une série de boules échelonnées le long de la trajectoire. Les positions et attitudes d'un oiseau qui vole devant le champ obscur sont plus curieuses à constater.

M.

Entre autres observations précieuses que me fournit ce premier procédé, je signale certaines situations de l'aile dans le vol d'un oiseau. Quand elle prend son point d'appui sur l'air, les plumes serrées présentent une surface continue, imperméable. Pendant qu'elle se relève et doit, pour économiser la force, rencontrer le moins de résistance possible, les plumes se séparent les unes des autres et offrent une disposi-

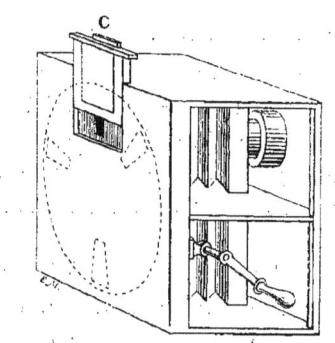

Premier appareil pour la Chronophotographie sur plaque fixe.

tion analogue à celle des lames d'une persienne. L'attention des dessinateurs japonais semble avoir été dès longtemps attirée vers ces particularités. On retrouve dans leurs ouvrages l'exacte observation de certains moments du vol qui nous semblaient à nous paradoxaux.

Cependant, ce premier procédé ne pouvait servir que pour des mobiles de petit volume se déplaçant très rapidement. En effet, si le mouvement est lent, comme celui de la marche, si la surface de l'objet est considérable, comme celle d'un cheval, ou si l'on prend à chaque seconde un trop grand nombre d'images, celles-ci ne seront pas distinctes : la suivante sera encore partiellement engagée dans la précédente, et de cette superposition partielle résultera une confusion fâcheuse dans la plupart des cas.

J'ai appelé Chronophotographie *géométrique* un premier moyen dont je me suis avisé pour échapper à cet inconvé-

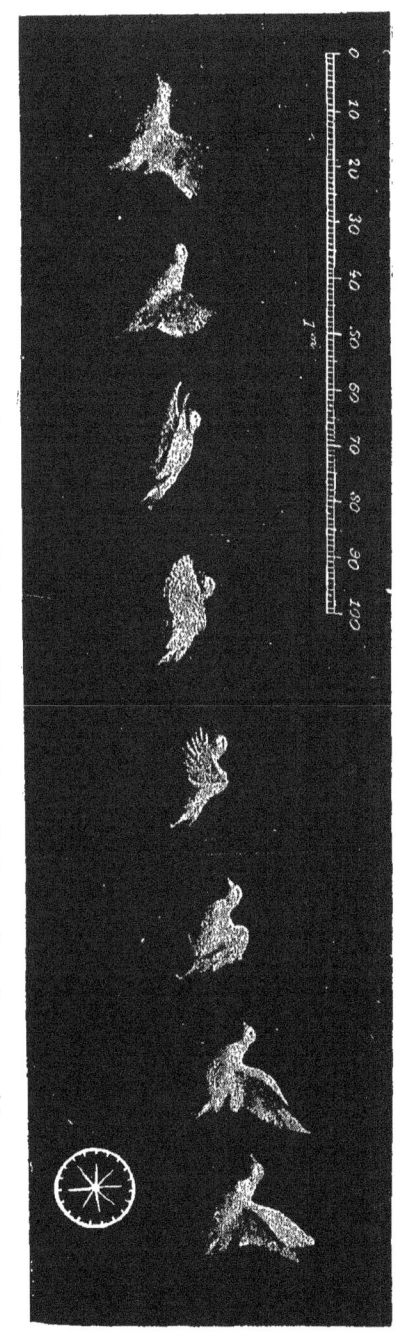

Fig. 5.

Phase du coup d'aile d'un canard. En haut échelle métrique. En bas cadran chronographique.

nient. Il consiste à ne pas utiliser la totalité de la surface en mouvement, à la réduire à une simple ligne qu'on rendra brillante, alors que tout le reste de la superficie sera obscur. Soit un homme entièrement vêtu et masqué de velours noir; en fixant des galons et des points brillants sur ses membres, on obtiendra sur la plaque des lignes lumineuses, parfaite-

Fig. 6.

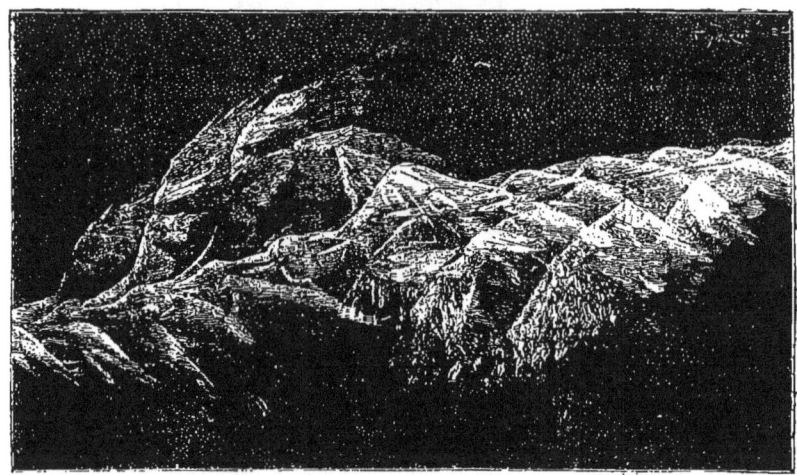

Image d'un oiseau, confuse à cause de sa trop grande fréquence.

ment séparées les unes des autres, qui seront les lignes directrices de son mouvement. Le reste de sa personne, dont nous n'avons pas besoin pour l'étude et qui eût donné lieu à des recouvrements partiels des plus gênants, sera, de par cet artifice, comme s'il n'existait pas.

Les figures géométriques ainsi constituées permettent de rendre compte de l'exacte position des membres et de l'axe du corps, aux moments divers d'une course, mais ce ne sont que des projections sur un plan. Certains phénomènes de mouvement veulent être vus sous divers angles, d'en bas, d'en haut, et obliquement. J'ai dû disposer, pour enregistrer les particularités du vol de certains oiseaux, trois champs obscurs et trois appareils (*fig*. 8) pour prendre en même temps trois aspects différents du même vol. L'un des trois était à 12^m de haut. Vu la fréquence des images, le corps, au moment d'un nouveau coup d'aile, n'avait pas encore quitté tout à fait la portion d'espace qu'il occupait au coup précédent, mais si les

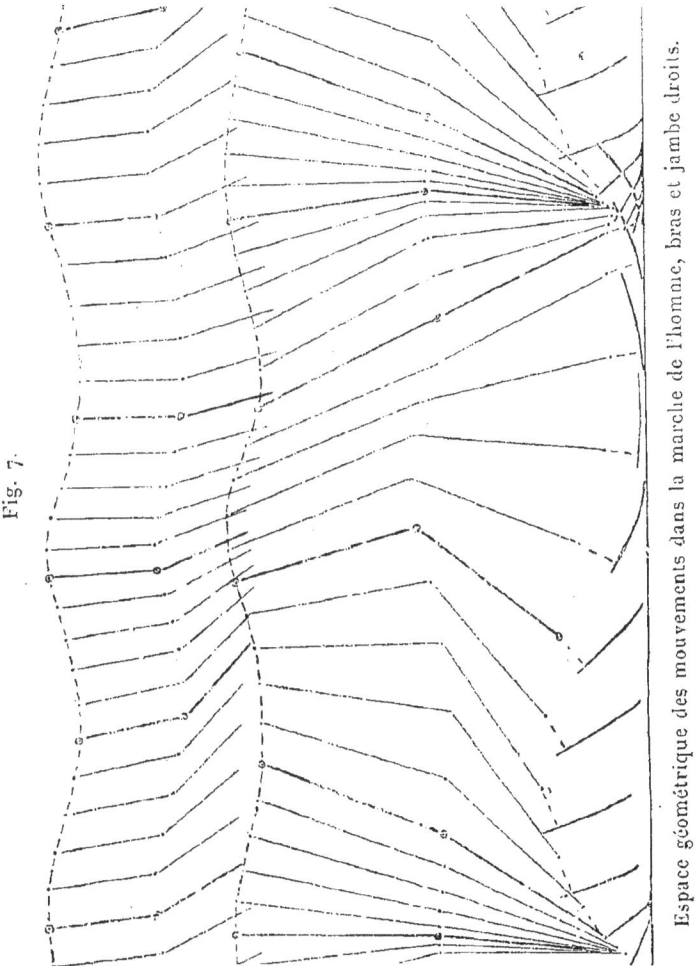

Fig. 7. — Espace géométrique des mouvements dans la marche de l'homme, bras et jambe droits.

figurations des corps étaient quelque peu engagées les unes dans les autres, les ailes étaient bien séparées. C'est ainsi que j'ai pu saisir le mécanisme du vol, qui consiste dans un véritable coup d'hélice de l'aile. J'ai obtenu une représentation nette de ce phénomène, en faisant modeler, d'après les données chronophotographiques, des figures d'oiseaux qui ont été fondues en bronze à Naples par les anciens procédés à cire perdue.

Un troisième moyen sur lequel, pour ne pas m'engager

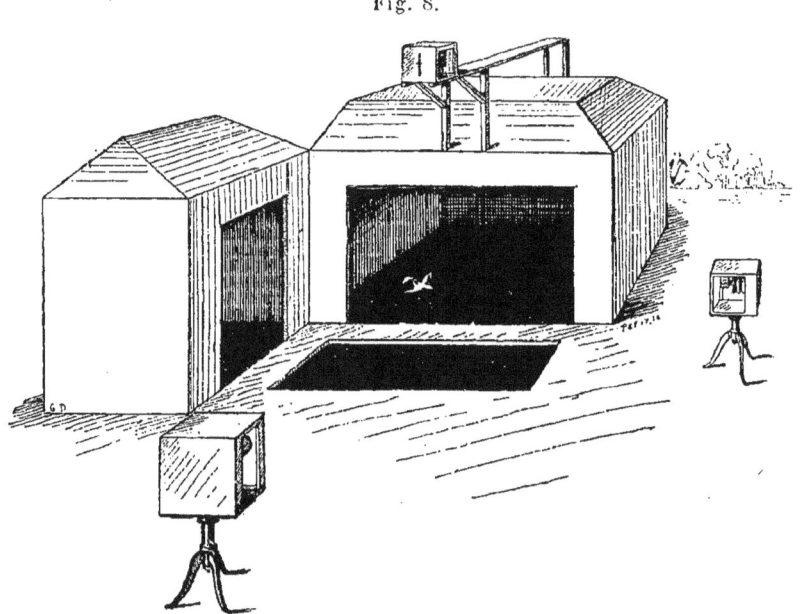

Fig. 8.

Trois champs obscurs et trois appareils chronophotographiques sur plaques fixes disposés rectangulairement entre eux.

dans une description compliquée d'appareil, je n'insisterai pas, permet de dégager les unes des autres les images reproduisant des mouvements trop lents de mobiles trop étendus. Il consiste à augmenter artificiellement la vitesse de l'image mobile en la faisant courir au moyen d'un miroir tournant d'un point à un autre de la plaque sensible.

Tel est le parti que j'ai tiré du champ obscur, lequel, en réalité, ne peut être fourni que par une cavité noire, et que j'avais pu réaliser d'une façon assez satisfaisante à la Station physiologique du parc des Princes.

Là se trouve un large et profond hangar, dont le sol et les parois sont noircis, le fond garni de velours noir. Devant l'ouverture, les sujets en mouvement peuvent passer sur une piste en pavés de bois noirci. Au moyen de rideaux noirs, on réduit l'ouverture au strict nécessaire pour chaque opération, et l'obscurité du fond en est augmentée d'autant.

On ne peut dissimuler que c'est là une disposition labo-

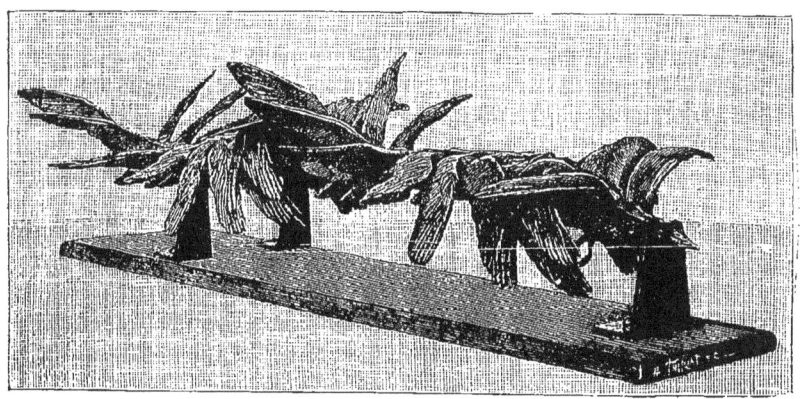

Fig. 9.

Modèle en bronze des attitudes de l'aile d'un goéland au vol.

rieuse, bien onéreuse encore, et qui, pour certains cas et dans plus d'un endroit, n'est pas réalisable. Un nouveau progrès était nécessaire. Il ne fallait pas que le même point de la plaque restât pendant toute l'opération exposé à l'action photogénique. Il fallait enregistrer des positions successives d'un mobile prises sur un champ quelconque et non pas seulement sur champ noir.

Je repris l'idée de M. Janssen et la développai; je construisis un appareil où la plaque était entraînée par un mouvement de rotation rapide et ne restait démasquée que le temps nécessaire à la prise d'une seule image. La plaque, l'obturateur tournant et le mécanisme qui les meut sont logés au fond d'un tube à l'extrémité duquel est l'objectif, et qui, fixé à une crosse qu'on appuie à l'épaule, permet de viser et de suivre au vol dans l'espace l'objet fuyant dont on poursuit la reproduction. J'appelai cet appareil *fusil photographique*. Une sorte de cartouchière recueillait les plaques impressionnées. Une détente semblable à celle d'un fusil ordinaire mettait le rouage en mouvement. Les plaques, circulaires ou octogones, recevaient ainsi douze images par seconde, disposées en couronne et prises en un temps de pose égal à $\frac{1}{207}$ de seconde.

Cet appareil permettait de suivre aussi bien les positions successives d'un oiseau libre en son vol que celles d'un animal dirigé sur une piste déterminée. Il m'a révélé plus d'un curieux détail relatif à la position des ailes, à la torsion des rémiges, etc. Mais dans la plupart des cas les images sont trop exiguës et ne se prêtent pas à un agrandissement suffisant. De plus, l'arrêt et la remise en marche de pièces rigides et d'un certain poids donnent lieu, à cause de l'inertie de la matière, à des chocs initiaux et terminaux qui nuisent à la régularité de l'opération.

Or à cette époque (1887) se trouvaient dans le commerce des *châssis à rouleau*, c'est-à-dire des bandes de papier sensibilisé, enroulé sur bobine et se déroulant au fur et à mesure qu'on veut prendre une nouvelle image. Ces châssis épargnaient au photographe la peine d'ôter et de remettre une plaque dans son appareil à chaque prise d'un cliché. Je profitai de cette idée du commerce photographique et disposai dans mon chronophotographe des bobines, des rouleaux et des rouages qui conduisaient la bande de papier et la faisaient passer progressivement dans toute sa longueur au foyer de l'objectif, à la place même qu'occupait la plaque. Le tout était qu'elle circulât assez rapidement et qu'elle s'arrêtât pour prendre une image à chaque éclairement du disque fenêtré. Un électroaimant dont le disque tournant fermait le courant électrique arrêtait la marche de la bande sensible au moment voulu.

Peu à peu le principe et toute la réalisation pratique de la Chronophotographie s'étaient dégagés à l'aide d'un peu de patience et par la force et le progrès naturel des choses.

Mais il fallait trouver des dispositions matérielles plus pratiques, sinon plus efficaces. C'est la part de découverte qui s'est faite depuis cette date jusqu'au moment où je parle et qui continuera chaque jour.

Ainsi, pour placer les pellicules sur leurs bobines et leurs rouleaux, il fallait être dans l'obscurité, si bien que tout l'ensemble de l'appareil devait être inclus dans une grande chambre noire, sauf l'objectif qui en sortait par une sorte

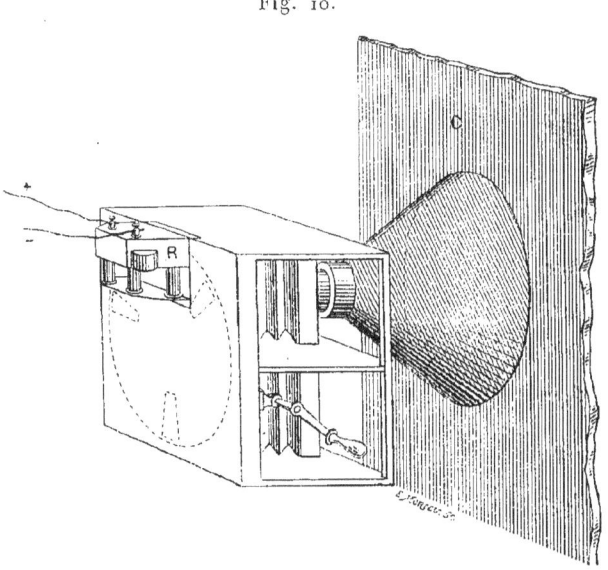

Fig. 10.

Appareil à rouleaux pour chronophotographie sur bande de papier sensible.

d'entonnoir traversant la paroi C pour aller au-devant de la lumière.

Il fallait remédier à cette incommodité et faire un appareil clos qui pût être manipulé en plein jour.

C'est ce que je fis la même année, en adaptant aux deux bouts des bandes de papier ou des pellicules sensibles, des revêtements opaques ou *queues de papier* d'une certaine longueur qui permettaient de manier les bobines en plein jour. La partie de la bande ou pellicule qu'on engage dans les bobines est protégée par cette enveloppe opaque terminée en pointe. On l'insère donc sans accident possible, en pleine lumière, et une fois les rouages en marche le reste suit. De même pour extraire la pellicule impressionnée. La bobine est

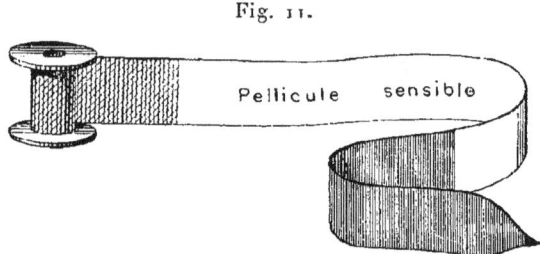

Fig. 11.

Bobine sur laquelle est enroulée la pellicule sensible terminée par deux bandes de papier opaque.

revêtue de la queue opaque sous laquelle le reste est enroulé et garanti.

Cette simple précaution me permit de réaliser un appareil transportable et déjà très pratique, qui était actionné encore

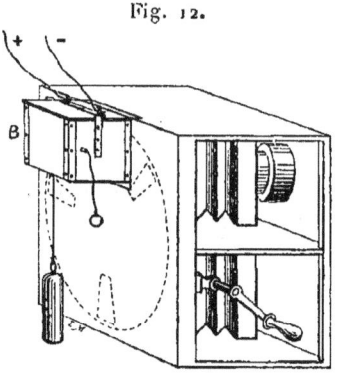

Fig. 12.

Châssis-caisse pour la chronophotographie sur pellicule mobile, en plein air.

par un électro-aimant et qui donnait sur de longues pellicules des images de 9^{cq}.

Mais l'emploi de l'électricité pour la mise en mouvement et l'arrêt des rouages comportait encore trop de complications et d'irrégularité. L'année suivante (1888) je remplaçai par une rotation purement mécanique l'action de l'électro-aimant, et à l'aide de ce chronophotographe, satisfaisant sinon définitif,

Fig. 13.

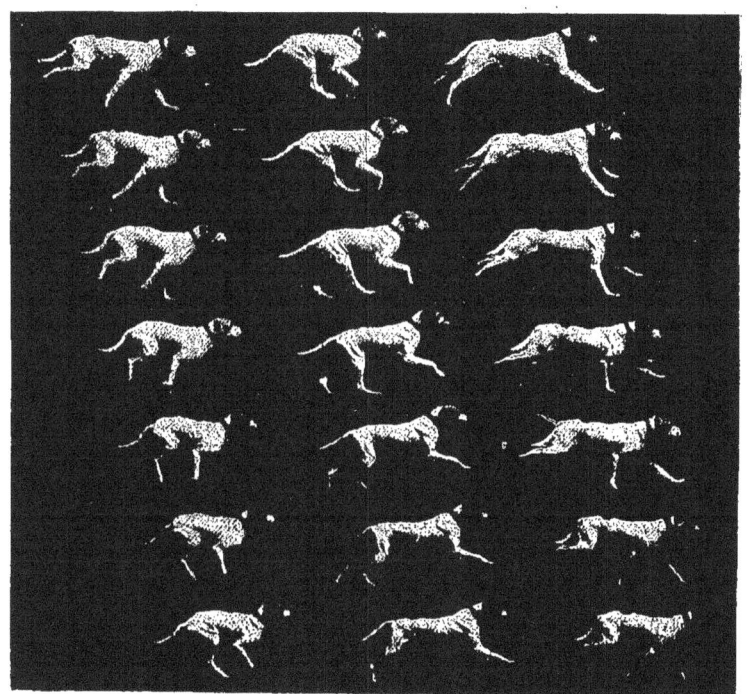

Série des attitudes d'un chien dans un pas de galop.

je pus étudier un grand nombre de phénomènes intéressants qu'on n'avait pas analysés jusque-là d'une façon précise.

Ainsi, je repris l'étude de la locomotion du cheval et j'obtins l'analyse complète de ses diverses allures avec leurs phases successives fixées à des intervalles de temps rigoureusement égaux.

Les diverses espèces de quadrupèdes étudiés avec la même méthode m'ont fait voir qu'il existe, entre les caractères physiologiques de leurs mouvements, des analogies et des dissemblances en rapport avec les analogies et les dissemblances anatomiques de leurs organes locomoteurs. Le galop du chien, par exemple (*fig*. 13), offre dans les actions successives des membres une complexité bien plus grande que celui du cheval.

J'ai dit ailleurs comment la chronophotographie sur pellicule mobile se prête à l'analyse de tous les types de la locomotion animale : le vol des insectes et celui des oiseaux, la natation de toutes sortes de poissons et même le mouvement des êtres qui s'agitent dans le champ du microscope. Des dispositions spéciales du chronophotographe sont parfois nécessaires pour certaines applications particulières.

Mais ce qui a donné le plus grand essor à la Chronophotographie, ce qui a fait créer dans ces dernières années un nombre considérable d'appareils, tous plus ou moins dérivés les uns des autres, c'est la production des photographies animées, c'est-à-dire la synthèse du mouvement.

III.

L'idée de la synthèse du mouvement remonte au début de ce siècle. Il est vraisemblable qu'en l'élaborant c'est surtout au divertissement des enfants petits et grands qu'on a songé. Elle a été jetée dans la circulation par un jouet auquel son inventeur, Plateau, donna le nom de *phénakisticope*.

Des images disposées en cercle sur un disque de carton et correspondant aux phases successives d'un mouvement tournaient en faisant face à une glace. L'œil les voyait reflétées non pas toutes ensemble, mais successivement, à travers des fentes qui venaient se placer devant lui à mesure que tournaient les images. Leur succession et leur substitution en un même point de la glace donnaient l'illusion du mouvement dont elles figuraient des stades, des éléments partiels.

Entre le passage devant son œil de deux fentes successives, l'observateur ne voit pas la glace (il voit seulement l'envers noirci du cercle en carton qui porte à son endroit les images).

Mais la dernière qui vient de se peindre sur sa rétine y persiste pendant un instant ($\frac{1}{10}$ de seconde environ). Et c'est là, c'est dans cette loi physiologique qu'est le secret de l'illusion et le principe de la synthèse du mouvement.

On sait que l'extrémité enflammée d'un bâton qu'on promène vivement devant nos yeux a pour nous l'apparence d'un ruban continu de flamme. C'est que nous voyons à la fois plusieurs situations dans l'espace du point en ignition, celles qu'il vient de quitter et celle qu'il occupe actuellement. Si dans une seconde une image disparaît et réapparaît dix fois devant notre œil, nous la voyons *continuellement* et n'avons nul sentiment de ses disparitions. Au lieu d'une image, s'il en passe dix représentant le même objet dans dix positions voisines l'une de l'autre, nous n'aurons perçu qu'une image, celle de l'objet, mais dans ses positions successives. Perçue ainsi avec ses disparitions momentanées, une succession devient pour nous, grâce à la persistance rétinienne, une évolution, un mouvement.

D'habiles dessinateurs profitaient de cette *mémoire de la rétine* pour nous faire voir en mouvement dans l'appareil de Plateau (ou le zootrope qui en est le perfectionnement simplifié) des sauteurs, des danseurs de corde, des boxeurs, etc.

Mais leurs figures partielles étaient conventionnelles, et force était de s'en rapporter, pour l'exactitude des détails et par suite de l'ensemble, à la divination de ces artistes, laquelle nécessairement devait être maintes fois en défaut.

Dès les premiers résultats de la Chronophotographie, on eut l'idée de placer dans le zootrope des figures *réelles* et prises sur nature sans altération possible. C'est Muybridge qui, à ma connaissance, fit cela le premier. Il mit bout à bout les instantanés d'une course de cheval saisie par ses appareils multiples et projeta cette série à travers une sorte de phénakisticope. Cela se passait chez moi, en 1882, à une soirée où j'avais eu la bonne fortune de pouvoir convier Helmholtz, Bjerknes, Govi, Crookes et plusieurs notabilités de la Science française.

Ce fut pour ces savants une révélation. La Photographie n'était jamais allée si loin dans la reproduction de la nature.

En regardant attentivement et à plusieurs reprises cette course photographiée, on saisissait telle et telle position du cheval forcément vraie et que pourtant on n'avait pas eu lieu jusque-là de soupçonner. Les artistes s'émurent dès lors de ces résultats. Le peintre Meissonier, qui possédait des allures du cheval toute la connaissance qu'en peut donner l'observation directe la plus attentive, ne croyait pas d'abord pouvoir rien apprendre de nouveau en ces matières. Il voulut pourtant avoir dans son atelier une séance analogue à celle que m'avait donnée Muybridge, et fut dès lors convaincu. Depuis cette date, pour tous les tableaux où il figura des chevaux, il établit ses études sur des documents chronophotographiques.

Plus tard, Anschütz, de Lissa, et mon préparateur M. Demeny réalisèrent dans de meilleures conditions les mêmes expériences, si bien qu'ils rendirent saisissables non seulement les mouvements qui comportent un déplacement rapide, mais ceux qui sont les plus restreints, les plus fugitifs, ceux qui s'accomplissent sur place. Le premier éclairait par derrière à l'aide d'une étincelle électrique sa *roue* qui portait des images disposées en couronne et visibles à travers l'épaisseur du verre. Le second reportait sur le pourtour d'un disque de verre vingt-quatre épreuves chronophotographiques du visage d'une personne qui parlait; il plaçait un objectif photographique devant le point fortement éclairé où la rencontre de disques fenêtrés laissait voir la succession de ces images. L'illusion, la netteté de la représentation étaient telles que des sourds-muets exercés reconnurent au mouvement des lèvres les syllabes articulées par le sujet parlant. La *roue* d'Anschütz et le *photophone* de M. Demeny réalisent un progrès remarquable sur le zootrope qui altérait sensiblement les proportions des images.

Il fallait autre chose pour projeter de façon efficace la synthèse du mouvement; car les disques, à moins d'être énormes, ne peuvent présenter qu'un nombre limité d'images, et, dans ces systèmes, les temps de vision et par suite l'éclairement de l'image doivent être si brefs que les projections agrandies ne peuvent être bien claires, si puissante que soit la source de lumière. De plus, ce n'est pas à travers une étroite ouverture et pour une personne unique que les résultats de la synthèse doivent être visibles, mais sur toute la surface d'un écran et pour tout l'auditoire qui remplit un amphithéâtre de cours.

C'est ce que je tentai de réaliser en 1893. Je me servis des bandes ou pellicules transparentes sur lesquelles j'avais obtenu l'analyse du mouvement; je les fis passer dans un chronophotographe projecteur où elles étaient entraînées par des

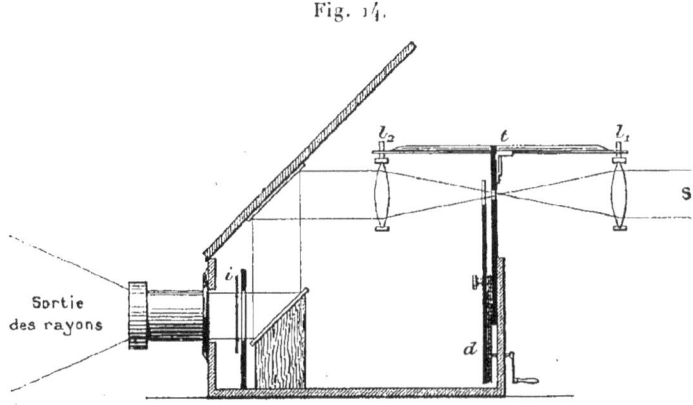

Fig. 14.

Premier chronophotographe projecteur.

rouleaux invisibles sur la figure, mais où certains organes les arrêtaient assez longtemps pour qu'elles reçussent par derrière un éclairement suffisant. Un faisceau de lumière solaire ayant traversé une lentille l_1 passait (*fig.* 14), au point de croisement des rayons, par un étroit diaphragme, où se faisaient les obturations et les admissions de lumière au moyen d'un disque tournant fenêtré. Après avoir passé par une autre lentille l_2 et avoir été réfléchi sur deux miroirs inclinés à 45°, ce faisceau traversait l'image i et s'échappait par l'objectif en la projetant sur l'écran.

J'obtenais avec de très nombreuses images partielles des projections très nettes et très complètes; mais le mouvement assez compliqué de l'appareil était très bruyant. Et surtout les impressions de la pellicule négative n'ayant pas été reçues à des intervalles rigoureusement égaux donnaient dans la projection des images très sautillantes. Pour obtenir des positifs de projection satisfaisante, il fallait découper les images multiples et les coller bien équidistantes sur une bande de toile caoutchoutée.

Pendant que je poursuivais ces recherches, j'appris que mon préparateur, qui connaissait bien mon chronophotographe pour s'en être servi maintes fois à la Station physiologique, avait fait breveter cet appareil sous son propre nom. Pour que la chose fût possible, il avait introduit dans la construction de l'instrument une modification bien connue dans mon laboratoire, mais que je n'avais pas employée. Il pensait, avec cette disposition, obtenir des images parfaitement équidistantes et faire des projections animées au moyen de longues bandes de pellicule couvertes d'images positives.

Mais ce fut Edison qui le premier trouva la bonne voie. J'avais eu l'occasion de lui faire voir en 1889, à l'exposition de l'électricien Fontaine, un zootrope électro-photographique. Le *kinétoscope*, par lequel il produisit dans de meilleures conditions une synthèse du même genre, n'est pas sans ressemblance avec mon appareil à rouleaux représenté *fig.* 14, et pourtant l'inventeur américain qui travaillait de son côté ne s'en est nullement inspiré. Dans le kinétoscope, la pellicule circule *sans arrêt,* mais elle est éclairée par transparence *de très près,* si bien que les éclairements très fréquents que lui ménage la fenêtre du disque peuvent être assez brefs pour que son déplacement pendant un instant si rapide ne soit pas saisissable.

Cet appareil obtint en 1894, en France, un succès mérité, quoiqu'il éclairât la pellicule pour un seul spectateur et ne la projetât pas sur un écran pour tout un public.

MM. Lumière trouvèrent, en 1895, la solution cherchée. En empruntant à Edison un de ses moyens, la perforation des pellicules, ils n'en ont pas moins découvert un procédé original pour prendre et projeter les images pelliculaires.

Par un mouvement alternatif produit au moyen d'un excentrique, ils sont arrivés à ce résultat, que des griffes s'insèrent dans des perforations pratiquées sur la surface de la pellicule, l'amènent en face de l'objectif, l'y arrêtent le temps voulu, pendant que la fenêtre de l'obturateur la démasque, puis l'entraînent en saisissant par d'autres trous une autre image qui vient prendre la place de la première.

Cette admirable invention a presque réalisé la perfection du premier coup.

Elle obtint dès qu'elle fut produite en public au début de 1896, sous le nom de *Cinématographe*, un succès considérable, et ce nom, qui n'est que celui d'un appareil particulier, restera longtemps associé dans les esprits à toutes les synthèses du mouvement.

Toutefois de nombreux brevets sont pris chaque jour, réalisant quelque amélioration de détail. Je signalerai l'appareil Gossart, d'une construction très originale et très savante, qui supprime les arrêts de la pellicule et donne à l'objectif lui-même un mouvement oscillant et régulier, puis l'*aléthorama* de M. Mortier, très différent lui aussi des appareils actuellement connus et qui applique le principe du *praxinoscope* de M. Reynaud. Dans celui-ci, la bande circulaire et verticale qui porte les images successives les reflète sur une des faces miroitantes d'un prisme droit placé à son centre.

J'ai voulu rechercher moi-même des procédés qui produisissent identiquement les mêmes résultats que ceux de MM. Lumière, en échappant à plusieurs inconvénients. Je voudrais vous montrer un chronophotographe de petit volume et avec lequel j'emploie des pellicules quelconques, perforées ou non, mais il ne se trouve pas convenablement réglé, et je dois me borner à vous en exposer le principe ([1]). Comme dans mes précédents appareils, la pellicule y est conduite par un système de bobines, de rouleaux et de laminoirs. Elle n'est pas perforée, ce qui évite les tiraillements produits par les griffes, et les organes qui l'entraînent ne s'arrêtent pas, ce qui supprime les résistances de l'inertie et les secousses nécessaires pour les vaincre. La pellicule doit pourtant s'arrêter : aussi

---

([1]) Depuis cette Conférence, j'ai eu l'occasion de faire des projections avec cet instrument (séance du 5 mai 1899 à la Société française de Photographie.)

est-il un moment où ces organes de traction glissent sur elle sans l'entraîner. C'est celui où elle est retenue par un compresseur indépendant comme si, tirée par deux doigts, elle était momentanément fixée et appuyée en place par un autre doigt. Les deux doigts glisseraient alors sans l'entraîner (¹). En

---

(¹) Voir *Bulletin de la Société française de Photographie*, 15 février 1897.

Voici comment j'exposais, il y a deux ans, un perfectionnement complémentaire que je venais d'apporter à mon appareil :

« J'ai cherché à faire disparaître ces deux inconvénients : la marche intermittente de la bobine-magasin et la période propre du compresseur.

» La *fig.* 15 ci-contre montre la disposition nouvelle. La bobine-magasin M,

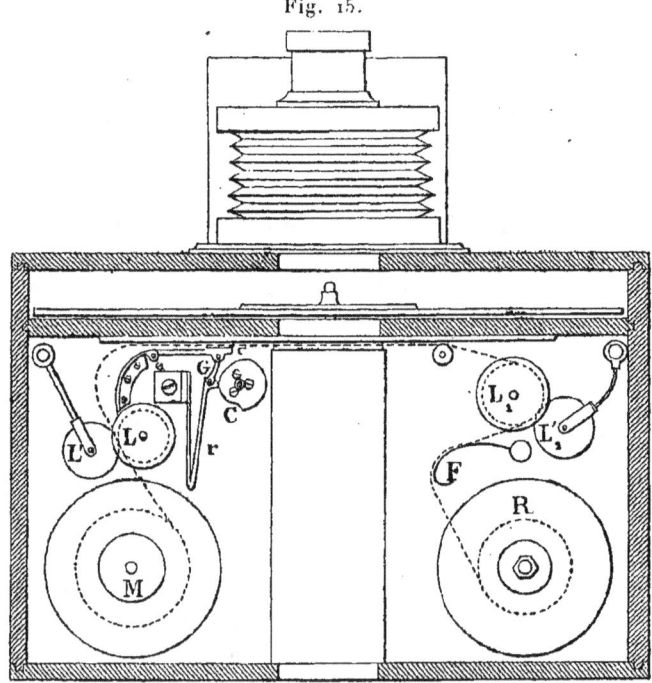

Fig. 15.

Principe du nouveau chronophotographe sur pellicule sensible.

beaucoup plus volumineuse qu'autrefois, peut porter une très grande longueur de pellicule, mais elle tourne uniformément par l'action continue d'un premier laminoir L qui débite, en un temps donné, une longueur somme, toutes les pièces qui ne sont pas, comme la pellicule, d'un poids négligeable, sont animées d'un mouvement constant et uniforme. Quand cet appareil est bien réglé, il assure l'équidistance des images et ne donne lieu à aucun tiraillement, à aucune secousse de la pellicule qui les porte.

La reproduction d'actes quelconques, les mouvements d'une personne qui ouvre ou ferme un parapluie, le passage d'une voiture, émerveillèrent d'abord les spectateurs. Puis on combina à dessein des scènes fantaisistes ou comiques, en prenant pour modèles des acteurs qui les mimaient tout exprès. Ensuite on chercha à surprendre sur le vif des choses curieuses ou rares de la vie courante, se produisant spontanément et sans apprêt aucun. A l'heure actuelle on paraît dédaigner les photographies animées qui ne sont que divertissantes et l'on recherche les applications utiles des projections chronophotographiques.

J'ai reçu d'un Russe fixé à Paris, M. Boleslas Matuszewski, un curieux petit Ouvrage où il parcourt d'une vue hardie les domaines qui lui paraissent ouverts à la Chronophotographie

---

constante de pellicule. Voilà donc l'inertie de la bobine-magasin supprimée avec les saccades de son mouvement.

» Au sortir du premier laminoir, la pellicule s'engage entre la platine et le nouveau compresseur C. Celui-ci n'a pas de période de vibration propre; il est constamment assujetti au mouvement de la came, et comprime énergiquement la pellicule contre la platine, au moyen d'un mouvement de genou analogue à celui qui sert dans la frappe des monnaies.

» Au delà du compresseur, la pellicule passe dans un second laminoir L_1; enfin, elle se réfléchit sur une lame flexible et s'enroule sur la bobine réceptrice qui tourne à frottement doux.

» Or, pendant que le compresseur l'arrête, la pellicule que le premier laminoir amène continuellement s'accumule en amont de l'obstacle, et y forme un pli flexueux. Après l'arrêt, ce pli devra se défaire et la pellicule se tendre par l'action du second laminoir. Comme la masse de la pellicule est insignifiante, elle ne présentera aucune résistance d'inertie.

» Quant au second laminoir L_1, qui devra imprimer à la pellicule un mouvement saccadé, il tourne lui aussi d'un mouvement uniforme, mais en pressant la pellicule avec assez peu de force pour qu'elle patine entre les cylindres, quand elle est retenue par le compresseur, tandis qu'elle est rapidement entraînée dès qu'elle est rendue libre.

» Les choses se passent comme si la pellicule, doucement pressée entre deux doigts, était tirée d'une façon continue. Les doigts qui l'entraîneraient, quand le compresseur est desserré, glisseraient au contraire sur lle au moment de ses arrêts. »

sous forme de projections. Il semble être quelque peu chagrin de la voir consacrée au simple divertissement du public, et très justement il veut qu'elle soit l'auxiliaire bienfaisant de tout enseignement scientifique.

Il va plus loin. Il voit l'invention dont il s'est épris devenue vulgarisatrice des procédés industriels, propagatrice des bonnes méthodes agricoles et en général maîtresse d'apprentissages de toute nature. Et il est très vrai que pour enseigner la pratique d'un acte quelconque difficile à reproduire, ou difficile à saisir pour celui qui s'y exerce, une projection qui lui remet patiemment les choses sous les yeux doit être d'une efficacité singulière. Encore faudrait-il que la bande pelliculaire fût refermée sur elle-même et tournât sans fin, en faisant repasser continuellement la même série d'images au foyer de l'objectif.

M. Matuszewski veut encore que la Chronophotographie étudie et reproduise les phénomènes divers des maladies nerveuses, épargne la reproduction des vivisections en les enregistrant une fois pour toutes, et présente aux apprentis chirurgiens des modèles d'opérations supérieurement accomplies par un maître.

Il espère qu'elle s'ajoutera aux sources les plus irrécusables de l'Histoire, et demande que dans toutes les circonstances dont on peut soupçonner l'importance historique, un chronophotographiste officiel soit appelé, comme on appelle un sténographe partout où des paroles importantes doivent être prononcées. Il rêve la création de dépôts de cinématogrammes documentaires analogues aux bibliothèques et aux archives. Enfin l'invention nouvelle lui paraît de nature à fournir des documents à la Pédagogie, aux Beaux-Arts, et même à la Police !

Tout cela sera réalisé un jour, moins vite sans doute que ne le suppose l'ingénieux Auteur de la *Photographie animée*.

Car il faut, pour être applicables à ces usages, que les appareils soient amenés à leur dernier point de perfection et simplifiés encore. Il faut aussi que le prix en devienne facilement abordable.

IV.

Au reste, la perfection absolue des projections, qui provoque naturellement l'enthousiasme public, n'est pas ce qui, personnellement, me préoccupe le plus. *Ce n'est pas la Chronophotographie la plus intéressante qui est la plus utile.* Elle rend peut-être plus de services sous la forme de simple analyse que sous la forme de synthèse, si satisfaisante et si surprenante que soit cette résurrection du mouvement.

J'excepte le cas où, en projetant les images représentatives des phases d'un mouvement, on modifie les conditions de vitesse dans lesquelles il s'est produit. Soit, par exemple, un coup d'aile d'oiseau qui dure $\frac{1}{6}$ de seconde; l'aile présente dans ce court espace de temps un très grand nombre de situations différentes. Si j'en prends cinquante images et si, en les projetant, j'en fais durer l'évolution 5 secondes, je permets à l'œil de saisir nettement des phénomènes qui, autrement, lui échappaient, et c'est, à mon avis, le propre de la méthode chronophotographique. D'autres phénomènes se produisent avec une lenteur telle qu'ils ne sont pas pour les organes de nos sens l'occasion de perceptions nettes; en les projetant dans un temps plus court, on en rend l'évolution perceptible. C'est ainsi que divers auteurs ont tenté et j'ai essayé moi-même de prendre, de quart d'heure en quart d'heure, l'image d'une fleur en voie d'éclosion et de faire défiler sur l'écran douze de ces images en une seconde. Malheureusement, l'éclairement des objets ne reste pas suffisamment identique à des intervalles si longs; on réussirait mieux sans doute en recourant à un éclairage artificiel. Malgré ces difficultés, j'ai fait en sorte de rendre chronophotographiquement manifestes les mouvements et les changements insensibles des nuages. C'est bien là rendre plus aisée et plus pénétrante l'attention humaine, qui est l'instrument de la connaissance scientifique.

Mais ce qui servira le plus souvent de façon pleinement

efficace à l'étude des phénomènes naturels, c'est la Chronophotographie géométrique telle que je l'ai montrée au début, pratiquée sur plaque fixe.

Un grand nombre de problèmes mécaniques dont la solution par le calcul serait parfois très difficile trouvent dans l'emploi de la Chronophotographie leur solution expérimentale dans des conditions très simples. Ainsi les mouvements qui se passent dans les liquides, soit que l'on considère les ondes qui se forment à leur surface, soit qu'on veuille déterminer le déplacement des molécules à l'intérieur de la masse liquide, ou bien les remous qui se produisent quand un courant rencontre des surfaces de différentes formes. J'ai dit ailleurs (¹) comment, dans un réservoir de cristal à faces parallèles placé devant un champ obscur et éclairé par-dessous, tous ces phénomènes sont rendus sensibles par la Chronophotographie sur plaque fixe. Quelques exemples suffiront ici pour donner une idée de ce genre d'expériences.

Dans ces conditions, la surface du liquide apparaît sous forme d'une ligne brillante dont l'oscillation ressemble beaucoup à la vibration d'une corde ; elle présente en effet des

Fig. 16.

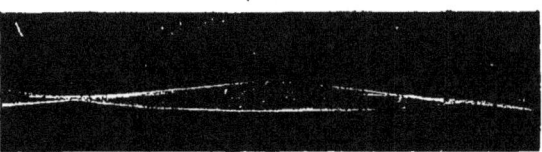

Forme d'une onde liquide. Chronophotographie sur plaque fixe.

ventres et des nœuds. La *fig.* 16 montre les positions successives de cette surface dans une onde de clapotis.

Veut-on connaître les mouvements intérieurs des molécules qui se produisent dans ce liquide agité. On met en suspension dans l'eau des perles brillantes ayant exactement la densité de l'eau. Les images chronophotographiques montrent que

---

(¹) *Comptes rendus de l'Académie des Sciences*, 1893, t. CXVI, p. 913-924.

ses perles décrivent des courbes allongées dans le sens vertical au niveau des ventres des vagues, dans le sens horizontal au niveau des nœuds, obliques dans les positions intermédiaires.

Les mêmes perles brillantes montrent encore la direction que prennent les filets de liquide quand le courant rencontre un obstacle, la courbe décrite par ces filets, les remous en arrière de l'obstacle ; enfin la vitesse de ces molécules s'ap-

Fig. 17.

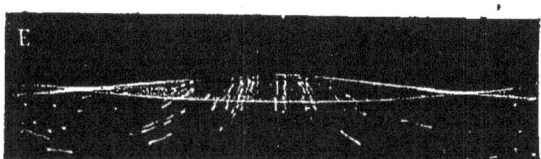

Mouvement des molécules dans une onde liquide.

précie à chaque instant d'après l'écartement de leurs images, étant connue la fréquence des éclairements successifs.

Mon savant confrère Cornu a recouru à la Chronophotographie sur plaque fixe pour étudier sur les cordes vibrantes un genre de vibration jusqu'ici inconnu qui s'ajoute aux vibrations longitudinales et transversales ; je veux parler des vibrations de torsion que la corde exécute autour de son axe. Une parcelle de miroir fixée à la corde et vivement éclairée au devant d'un fond noir subit ces trois ordres de vibrations et les retrace sur une plaque photographique animée d'une translation uniforme. La *fig.* 18 est l'image négative de ces trois ordres de vibrations ([1]).

On pourrait citer un grand nombre de problèmes de Mécanique et de Physique qui ont trouvé dans la Chronophotographie leur solution expérimentale.

Un jour s'est présenté un cas litigieux de Mécanique animale. Un proverbe populaire dit qu'un chat retombe toujours

---

[1] *Voir* Cornu, *Étude expérimentale des vibrations transversales des cordes* (*Comptes rendus*, t. CXII, p. 280-288).

sur ses pattes ; la Mécanique enseignait au contraire qu'en l'absence de tout point d'appui extérieur un animal serait incapable de se retourner pendant sa chute. Or l'expérience

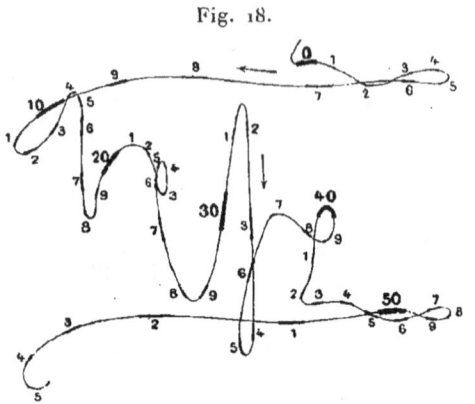

Épreuve négative des trois ordres de vibrations d'une corde.
Expérience de M. Cornu.

a donné raison au proverbe. La *fig.* 19 montre, dans une série d'images successives, un chat qui, d'abord tenu les pattes en l'air, se retourne dès qu'il est lâché et finit bientôt par avoir les pattes tournées en bas, position qu'il conserve jusqu'à ce qu'il soit arrivé sur le sol. A peine l'animal dans sa chute a-t-il parcouru 0^m,25 que son retournement est effectué. L'examen des figures successives montre comment les choses se passent : c'est en changeant tour à tour les moments d'inertie de l'avant-main et de l'arrière-main que procède l'animal. Cet acte n'a rien qui contredise les lois de la Mécanique ; il n'est point en contradiction avec le théorème des aires, ainsi que l'a montré mon confrère Guyou. Du reste, plusieurs membres de la section de Mécanique de l'Académie des Sciences, M. Maurice Lévy et M. Marcel Deprez, ainsi que M. Appell, ont apporté des démonstrations à l'appui de la réalité de mouvements qui se produisent sans point d'appui extérieur. La Chronophotographie a donc eu cette bonne fortune de faire reviser une proposition erronée de la Mécanique rationnelle.

Dans l'expérience qui vient d'être décrite, c'est sur une pellicule mobile que les images du chat ont été reçues afin d'en éviter la confusion. D'autres fois on recueille également sur pellicule mobile les images partielles des mouvements

Fig. 19.

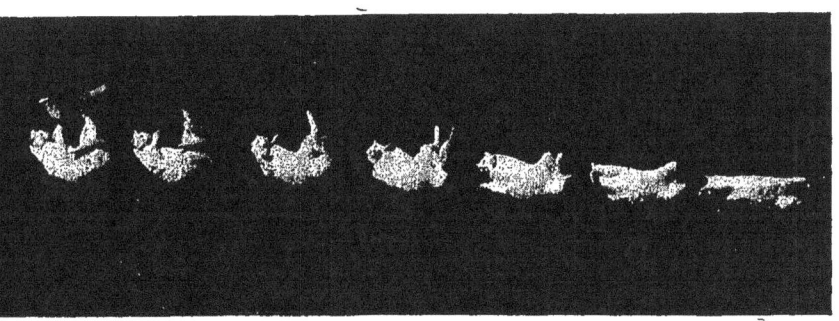
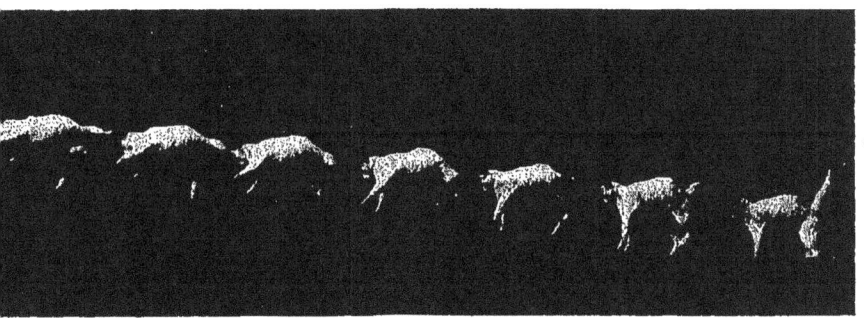

Mouvements d'un chat qui se retourne en tombant.

d'un animal. Ainsi, quand on veut étudier en détail les mouvements des membres d'un cheval, on se place à courte distance du sujet, de façon que les membres seuls occupent tout le champ des images; ils sont ainsi photographiés à une échelle plus grande qui permet de mieux apprécier les détails de leurs actions. C'est ainsi qu'a été obtenue la *fig*. 20 qui montre la succession des mouvements d'un cheval au trot.

Ce qui prouve les résultats les plus parfaits, c'est l'épure géométrique du mouvement telle que la donne la Chronopho-

Fig. 20.

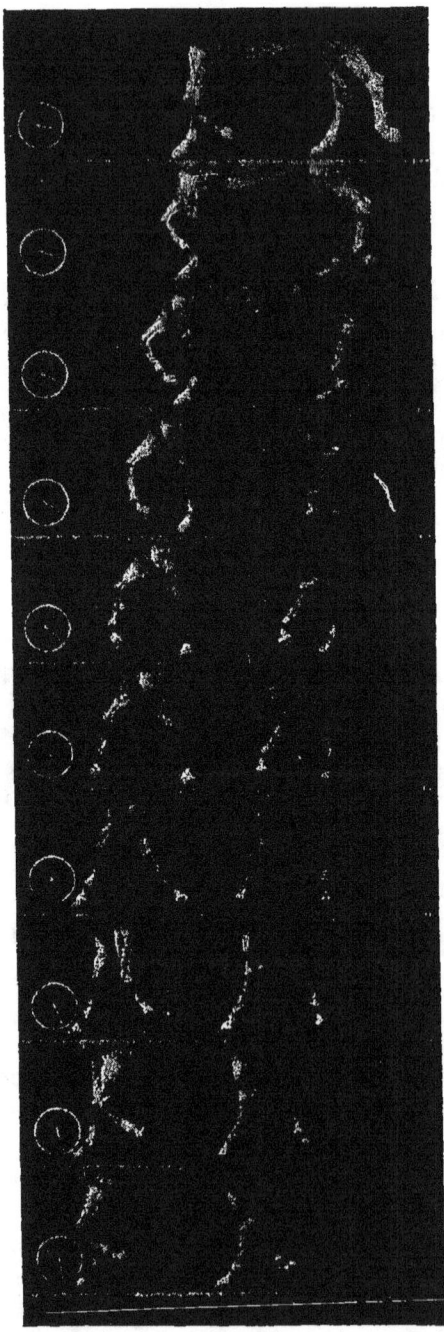

Mouvements successifs des membres d'un cheval au trot.

tographie sur plaque fixe. Mais le nombre des applications directes de cette méthode est restreint, ainsi que je l'ai dit tout à l'heure, attendu qu'on ne peut pas toujours opérer devant un champ obscur et que les actes complexes ont une tendance à confondre leurs images.

Or on peut tirer des images chronophotographiques re-

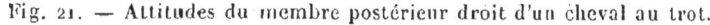

Fig. 21. — Attitudes du membre postérieur droit d'un cheval au trot.

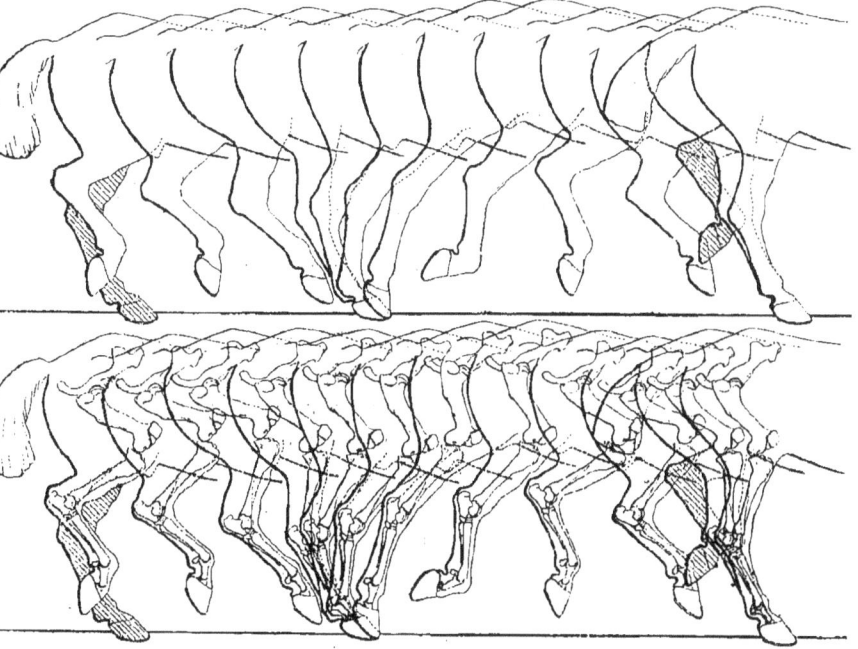

Fig. 22. — Attitudes du squelette dans le contour du membre postérieur.

cueillies sur pellicule mobile des épures absolument nettes et dépourvues de confusion.

Soit une série d'images successives représentant les attitudes d'un cheval au trot. Admettons que nous désirions obtenir l'épure des mouvements du membre postérieur droit. Nous procéderons par décalques successifs des contours de ce membre sur une feuille de papier. La première image étant projetée sur cette feuille, nous en prenons le contour, puis nous projetons la deuxième image en ayant soin que la ligne du sol recouvre exactement celle du décalque précédent, ce qu'on obtient au moyen de repères exactement superposés. On décalque alors les contours du membre de cette seconde image, puis on procède de même pour la série des attitudes pendant la durée d'un pas. On obtient de cette façon la *fig.* 21.

On peut obtenir de la même façon le contour d'un membre antérieur de l'animal, ou les mouvements de la tête, ou la trajectoire d'un point quelconque dont on veut connaître le mouvement.

Ce n'est pas tout. Dans le contour de ce membre dont on a obtenu les attitudes successives, on peut déterminer la position des différentes pièces du squelette et obtenir la *fig.* 22 qui montre la position de chacun des os à chaque phase de l'allure du trot ([1]).

Pour rendre l'image plus nette, réduisons la *fig.* 23 au squelette tout seul et nous aurons l'indication complète des divers mouvements exécutés par chacune des articulations du membre.

Enfin, la connaissance des changements de position des os du membre permet de déduire l'état d'allongement ou de raccourcissement des principaux muscles à chaque instant de l'allure. En effet, l'anatomie du squelette implique la connaissance des attaches de ses muscles; on peut donc, en joignant par une ligne les deux attaches de chaque muscle, voir, d'après la longueur de cette ligne, de combien ce muscle s'est allongé ou raccourci. Cette représentation a été faite sur la *fig.* 23 où des traits pleins représentent à chaque instant la longueur de la fibre contractile sur les muscles A ischiotibiaux, B rotuliens, C gastrocnémiens. Et pour rendre plus saisissantes les phases de ces changements de longueur, on a construit, en haut de cette même figure, les courbes de ces variations de longueur des trois muscles. On y voit que A et B convergent et divergent tour à tour, ce qui annonce l'alter-

---

([1]) *Voir*, pour les détails, *Comptes rendus de l'Académie des Sciences* t. CXXVI, 29 mai 1898.

nance d'action de ces deux groupes musculaires qui sont antagonistes l'un de l'autre. La courbe C des gastrocnémiens montre que, si ces muscles se raccourcissent de temps en

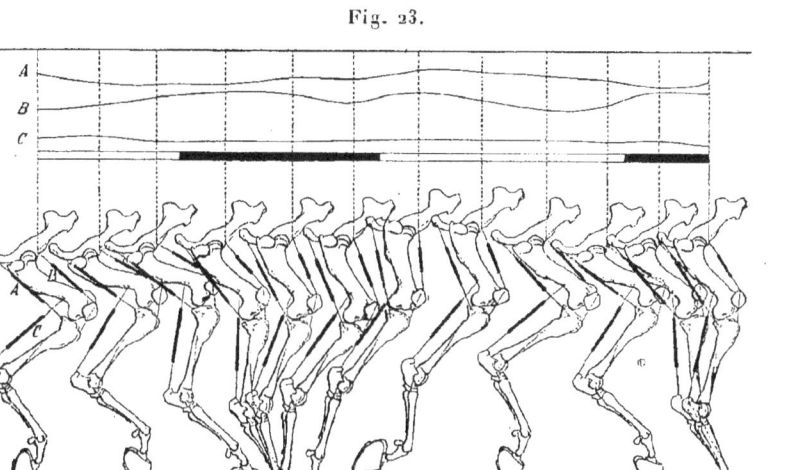

Fig. 23.

Attitudes du squelette et changements de longueur des muscles. — En haut courbes des changements de longueur des divers muscles.

temps, ils ne subissent aucun allongement au delà d'une certaine limite. (Une particularité anatomique rend compte de cette bizarrerie.)

Cet examen sommaire des résultats que donne la construction des épures géométriques montre que cette forme de la Chronophotographie est la plus instructive de toutes, et je ne crains pas de dire qu'armé d'une telle méthode on peut tout savoir en ce qui concerne les actes de la Mécanique animale.

Ces mérites de l'analyse chronophotographique n'excluent pourtant pas ceux de la synthèse. L'attrait des spectacles que cette dernière méthode nous donne sous forme de photographies animées a été un stimulant puissant pour le perfectionnement des appareils; la netteté des images, la grandeur de leurs dimensions, sont des conditions importantes à réaliser dans tous les cas. Et puis, ne nous fît-elle connaître que ce que notre œil peut voir, la Photographie animée offre aux études scientifiques un vaste champ à explorer. Elle peut, en effet, vulgariser la connaissance d'un grand nombre de phénomènes que connaissent seuls les observateurs passionnés de la nature.

(Extrait des *Annales du Conservatoire des Arts et Métiers*, 3ᵉ Sⁱᵉ, t. I).

LIBRAIRIE GAUTHIER-VILLARS,
QUAI DES GRANDS-AUGUSTINS, 55, A PARIS.

AGLE (A.). — **Manuel pratique de Photographie instantanée.** 2° tirage. In-18 jésus, avec nombreuses figures; 1891. .... 2 fr. 75 c.

BOURSAULT (Henri), Chimiste à la Compagnie des Chemins de fer du Nord. — **Calcul du temps de pose en Photographie.** Petit in-8; 1896. Broché........... 2 fr. 50 c. | Cartonné, toile anglaise.. 3 fr.

CHAPEL D'ESPINASSOUX (Gabriel). — **Traité pratique de la détermination du temps de pose.** Gr. in-8, avec nombr. Tables; 1890. 3 fr. 50 c.

CLÉMENT (R.). — **Méthode pratique pour déterminer exactement le temps de pose en Photographie,** applicable à tous les procédés et à tous les objectifs, indispensable pour l'usage des nouveaux procédés rapides. 3ᵉ édition. In-18 jésus; 1889.......................... 2 fr. 25 c.

LA BAUME PLUVINEL (A. de) — **Le temps de pose** (*Photographie au gélatinobromure d'argent*). In-18 jésus, avec figures; 1890. 2 fr. 75 c.

LONDE (A.). — **La Photographie instantanée.** *Théorie et pratique.* 3ᵉ édition, entièrement refondue. In-18 jésus, avec 65 fig.; 1897.. 2 fr. 75 c.

MIETHE (Le Dʳ Ad.), Membre d'honneur de la Société photographique de la Grande-Bretagne. — **Optique photographique,** sans développements mathématiques, à l'usage des photographes et des amateurs. Traduit de l'allemand par A. NOAILLON et V. HASSREIDTER, Membres de l'Association belge de Photographie. Grand in-8, avec 72 figures et 2 tableaux: 1896... 3 fr. 50 c.

MOËSSARD (P.), Lieutenant-Colonel du Génie, Ancien Élève de l'École Polytechnique. — **L'Optique photographique.** (Enseignement supérieur de la Photographie. Cours professé à la Société française de Photographie). Grand in-8, avec 149 figures; 1898 .... 4 fr.

MOËSSARD (le Lieutenant-Colonel P). — **L'objectif photographique.** *Étude pratique, Examen, Essai, Choix et mode d'emploi.* (Enseignement supérieur de la Photographie Cours professé à la Société française de Photographie). Grand in-8, avec 115 figures et 1 planche; 1899.. 6 fr. 50 c.

TRUTAT (Eug.), Directeur du Musée d'Histoire naturelle de Toulouse, Président honoraire de la Société photographique de Toulouse. — **La Photographie animée,** avec une Préface de M. MAREY. Grand in-8, avec 146 figures et 1 planche; 1899.... .... 5 fr.